Lecturas por la libertad

EDICIÓN PATHFINDER

Por Fran Downey

CONTENIDO

Lecturas por la libertad

~~~~~~~~~~~ ◆◆◆ ~~~~~~~~~~~

¿Qué significa la lectura para ti?
Para los esclavos afroamericanos,
significaba libertad.

~~~~~~~~~~~ ◆◆◆ ~~~~~~~~~~~

Por Fran Downey

Tú puedes leer cuando quieres. Eso no siempre fue así para todos en los Estados Unidos. En el pasado, algunas personas tuvieron que luchar por la libertad de leer.

Hace mucho tiempo, los dueños de los esclavos no les enseñaban a leer. Temían que si los esclavos aprendían a leer, querrían ser libres. Muchos dueños de esclavos castigaban a los esclavos que tenían libros o intentaban aprender a leer.

Aun así, muchos esclavos aprendieron a leer. Sabían que leer era importante. Sabían que la lectura los ayudaría a ganar la libertad. Conozcamos algunos de estos lectores por la libertad.

El hijo del jefe

Olaudah Equiano

◆ ◆ ◆

Olaudah Equiano nació en África en 1745. Su padre era jefe. El joven Equiano tenía mucho tiempo libre. Pasaba muchos días jugando.

Un día, estaba jugando con su hermana cuando lo sorprendió un grupo de extraños. Los extraños los **secuestraron**. Los hermanos fueron llevados hacia la costa. Equiano tenía aproximadamente diez años de edad en ese momento.

Un oficial naval compró a Equiano. Lo llevaron a bordo de un barco. Lo obligaron a trabajar como sirviente del oficial.

A bordo del barco, Equiano vio muchas cosas extrañas. Una de ellas eran los libros. Vio que su amo y otras personas leían libros. Sin embargo, no podía descifrar lo que estaban haciendo. Sabía que su amo aprendía de los libros. Pero no sabía cómo.

Equiano intentaba todo lo que se le ocurría. Sostenía los libros cerca de sus oídos, pero permanecían en silencio. Hasta les hizo preguntas a los libros. Pero tampoco funcionó. Los libros no le hablaban.

Más adelante, Equiano descubrió que los libros no hablaban. Unos amigos le enseñaron a leer y escribir. Después de que creció, Equiano pasó parte de su tiempo libre trabajando. Ganó suficiente dinero para comprar su libertad. Se fue a vivir a Inglaterra. Allí, escribió un libro sobre su vida. Le dijo a la gente que la esclavitud era perversa. Con su libro, Equiano trabajó para **abolir**, o terminar con la esclavitud.

Olaudah Equiano

Libertad perdida. *Un barco estadounidense con esclavos zarpa de la costa de África.*

La poetisa

Phillis Wheatley

◆ ◆ ◆

Venta de esclavos. *Se vendían hombres, mujeres y niños en subastas como la de la imagen.*

Phillis Wheatley

Phillis Wheatley nació en África alrededor de 1753. También fue secuestrada y vendida como esclava. No sabía lo que pasaría después. Sus captores la llevaron de África a Boston, Massachusetts. Allí la vendieron en una subasta de esclavos. La compró John Wheatley. Phyllis tenía solo siete años de edad.

La familia Wheatley quería a la joven esclava para que trabajara en su casa como sirvienta. Eso cambió enseguida. Los Wheatley la criaron con sus dos hijos. La trataron como si fuera una de sus hijas. Le enseñaron muchas cosas. Ella floreció.

Wheatley era muy inteligente. Uno de los otros niños le enseñó a leer y escribir inglés. Cuando llegó a los 12, Wheatley ya podía leer y escribir también en griego y latín. Los vecinos pronto supieron de esta niña inteligente.

Cuando tenía 13, Wheatley escribió su primer poema. Siguió escribiendo muchos más. In 1773, se convirtió en la primera mujer afroamericana que escribió un libro. Tenía 39 poemas.

Durante la Revolución Americana, Wheatley escribió poemas sobre la libertad. Hasta conoció a George Washington. También escribió que se debía terminar con la esclavitud.

Luchador por la libertad

Frederick Douglass

◆ ◆ ◆

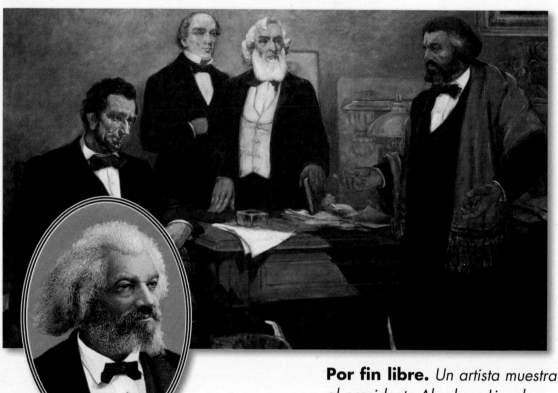

Frederick Douglass

Por fin libre. *Un artista muestra al presidente Abraham Lincoln conociendo a Frederick Douglass.*

Frederick Douglass nació esclavo alrededor de 1818. Nació en una **plantación**, o granja grande de Maryland. Cuando tenía seis años de edad, fue llevado a otra plantación.

Unos años más tarde, lo llevaron a Baltimore. La vida en la ciudad era distinta a la de una plantación. Tenía que hacer mandados y cuidar al hijo pequeño de su amo.

Douglass le pidió a la esposa de su amo que le enseñara a leer. Ella accedió. Enseguida aprendió el abecedario y quería seguir aprendiendo más.

Las cosas cambiaron cuando su amo lo descubrió. Interrumpió las lecciones.

El joven Douglass luego aprendió a leer en secreto. Engañaba a los niños para que le enseñaran a leer. Leía los diarios en su casa. Su amo gritaba cada vez que sorprendía a Douglass leyendo.

Douglass continuó leyendo. También aprendió a escribir. Luego se escapó de su amo. Abordó un tren y se fue a vivir al Norte, donde la esclavitud era ilegal.

Ese fue solo el comienzo de la fascinante historia de Douglass. Pasó muchos años luchando contra la esclavitud. Creó un diario. Se llamaba *La Estrella del Norte*. Escribió varios libros. Hasta conoció al presidente Abraham Lincoln. Sus esfuerzos ayudaron a terminar con la esclavitud en 1865.

Más lecturas por la libertad

◆ ◆ ◆

Hasta ahora, has conocido a tres esclavos afroamericanos que aprendieron a leer. No fueron los únicos. Muchos otros esclavos también aprendieron a leer. Arriesgaban sus vidas para hacerlo.

Nadie sabe exactamente cuántos esclavos aprendieron a leer. Muchos de ellos mantenían esa habilidad en secreto porque temían ser castigados.

Lucius Holsey tenía cinco libros. Dos de ellos eran libros de ortografía. Una por una, aprendió todas las palabras de los libros de ortografía.

Thomas Jones también aprendió a leer de un libro de ortografía. Le pagaba a otro niño seis centavos por semana para que le enseñe a deletrear. El niño le enseñaba palabras que tenían una y dos **sílabas**. Después de eso, Thomas aprendió palabras nuevas sin ayuda del niño.

No todos los esclavos tenían libros de ortografía. Algunos tenían que aprender a leer de otras maneras. Un esclavo que vivía en Georgia aprendió a deletrear antes que a leer. Escuchaba a las personas deletrear las palabras en voz alta. Repetía lo que escuchaba. Luego leía las señalizaciones de la calle y los carteles de los negocios. Muchos otros esclavos también usaban señalizaciones para aprender a deletrear.

Varios esclavos aprendieron a leer porque querían ser libres. Ese es el caso de Sella Martin, por ejemplo. Quería escaparse de la esclavitud. Deletreaba las palabras que veía en los carteles. Enseguida se corrió la noticia de que Martin podía leer.

Una noche, un grupo de esclavos apareció en el hotel donde trabajaba Martin. Cada uno de ellos había robado un libro o un diario para Martin. Todos querían ayudarlo a aprender a leer.

La Guerra Civil terminó con la esclavitud en 1865. Muchos exesclavos fueron a la escuela. Sabían que la lectura los ayudaría a vivir como personas libres.

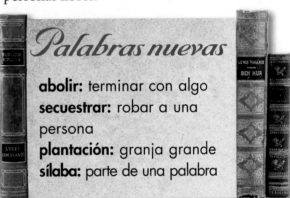

Palabras nuevas

abolir: terminar con algo
secuestrar: robar a una persona
plantación: granja grande
sílaba: parte de una palabra

En carrera. *Algunos esclavos huyeron hacia el Norte buscando la libertad.*

De la esclavitu

Trabajo duro. Después de la Guerra Civil, muchos exesclavos trabajaron en las granjas de otras personas porque no tenían sus propias tierras.

a la libertad

A los esclavos se les negaba la educación. Pero eso no era todo. No se les permitía poseer tierras. No podían votar. Ni siquiera podían casarse legalmente. De acuerdo con la ley, eran bienes. No tenían derechos. Los esclavos eran trabajadores. Eso era todo.

La mayoría de los esclavos trabajaba en plantaciones o en grandes granjas del Sur. Trabajaban muchas horas en los campos. Atendían y cosechaban cultivos tales como el tabaco y algodón.

Trabajo de campo

Después de la Guerra Civil, la esclavitud se declara oficialmente ilegal en los Estados Unidos. Se liberaron casi cuatro millones de esclavos. Por primera vez, pudieron elegir dónde trabajar y qué hacer.

Aunque muchos exesclavos permanecieron en el mismo lugar. Continuaron cultivando la tierra, a pesar de que era un trabajo duro. Algunos incluso cultivaban la tierra para sus examos. ¿Por qué?

Los exesclavos aún tenían pocas opciones para elegir qué trabajo realizar. Tenían poca educación no la tenían. Por eso no podían tener otra clase de trabajos. Tampoco tenían dinero para comprar sus propias casas o tierras.

Para los afroamericanos, la verdadera libertad todavía estaba muy lejos. Aún tenían muchas barreras que superar.

Encontrando la libertad

La educación era una de las claves para lograr la libertad. Los exesclavos necesitaban aprender a leer y escribir. Solo después podrían acceder a nuevas clases de trabajos.

Algunos afroamericanos pudieron asistir a escuelas con maestros. Así ocurrió en Savannah, Georgia. Alrededor de 500 estudiantes afroamericanos asistieron allí a la escuela. Las escuelas no tenían vacaciones. Los estudiantes no querían tenerlas. Solo querían aprender.

Otros afroamericanos todavía no podían ir a la escuela. A veces aprendían a leer en las iglesias o les enseñaban sus amigos.

Asistiendo a la escuela. *Para los afroamericanos, tener educación era una forma de ser verdaderamente libres.*

Años de progreso

Obtener una educación era un paso importante hacia la igualdad. Tener los mismos derechos que otros estadounidenses llevó tiempo. Por ejemplo, los esclavos ahora eran libres. Pero todavía no eran ciudadanos estadounidenses. Para eso, tuvieron que esperar hasta 1868. No pudieron votar hasta 1870.

Con cada victoria, los afroamericanos ganaron más poder para darle forma a su futuro. Comenzaron a servir en el gobierno estatal y federal. Entre 1870 y 1890, más de 20 afroamericanos sirvieron como miembros del Congreso. Cumplieron funciones importantes en la reconstrucción de un país quebrantado por la guerra.

Los costos de la libertad

Los exesclavos enfrentaron desafíos mucho después de que terminó la Guerra Civil. Para empezar, no había suficientes escuelas. Muchos niños también tenían que trabajar para ayudar a sus familias a sobrevivir. Así que no siempre podían ir a la escuela.

La tierra y el dinero también eran grandes problemas. En el Sur, muchos exesclavos tenían que alquilar a los blancos casas y tierras para cultivar. Gastaban casi todo su dinero en alquileres. También tenían que pagar los alimentos y la vestimenta.

Los agricultores también tenían otros gastos. Necesitaban semillas y equipo agrícola. También tenían que comprar animales para la agricultura y alimentos para los animales. Era difícil salir adelante con todos esos gastos.

Libertad sin igualdad

Los exesclavos ganaron su libertad. Sin embargo, sus penas no habían terminado. Aprendieron enseguida que la igualdad no es solo libertad. Es igualdad de oportunidades y de educación. Es igualdad de salario e igualdad de derechos. También es ser tratado de igual a igual.

Después de la Guerra Civil, muchas personas continuaron tratando a los afroamericanos como cuando eran esclavos. Recién en la década de 1960 regresó la esperanza de la verdadera igualdad. Fue entonces cuando el Movimiento de Derechos Civiles finalmente dio a los afroamericanos los mismos derechos que al resto de los estadounidenses.

Problemas en aumento.
La agricultura era costosa. Los exesclavos tenían que pagar para tener tierras, animales, semillas y herramientas.

Encontrando la libertad

Sigue leyendo para ver lo que aprendiste acerca de la esclavitud y la libertad.

1 ¿Por qué los esclavos querían aprender a leer?

2 ¿Quién era Frederick Douglass? ¿Por qué es famoso?

3 Nombra algunas maneras en que los afroamericanos aprendieron a leer.

4 Después de que terminó la esclavitud, ¿en qué cambió la vida de los afroamericanos?

5 ¿Por qué los afroamericanos aún tenían muchas dificultades después de la Guerra Civil?